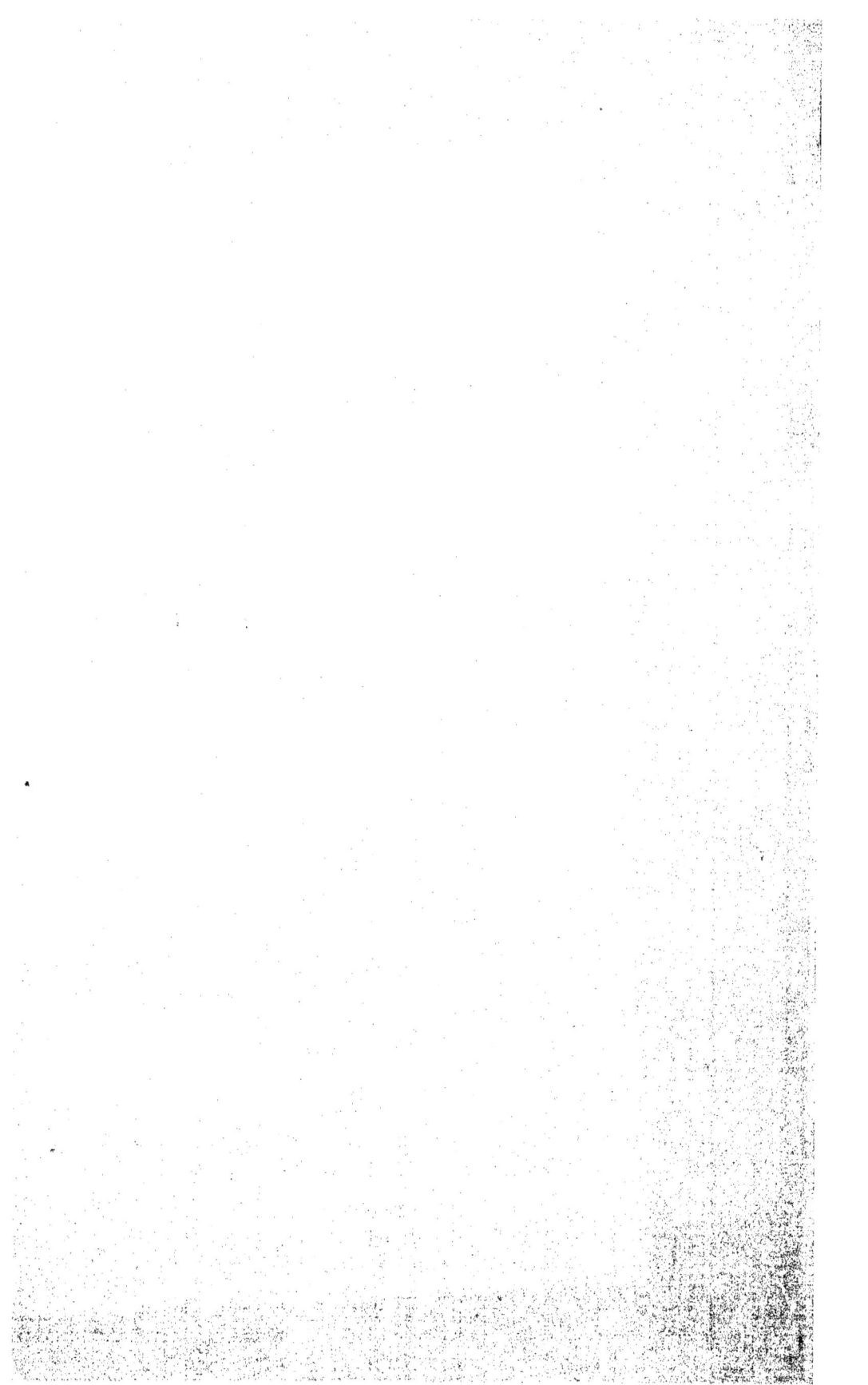

COCAMBO,

OU

L'AMBASSADE A SMYRNE,

DIVERTISSEMENT-PANTOMIME

EN DEUX ACTES,

de M. Blache,

Représenté pour la première fois, au théâtre de l'Ambigu-Comique
le 7 novembre 1829.

DEUXIÈME ÉDITION.

PARIS,

Chez MALAISIE, Éditeur, boulevart Saint-Martin, n° 2,
au Cabinet Littéraire, théâtre de l'Ambigu.

—

1829.

PERSONNAGES.	ACTEURS.
La Pacha de Smyrne................	MM. ALPHONSE.
L'Ambassadeur de Naples..........	ANATOLE.
COCAMBO, son valet..............	GABRIEL RAVEL.
ZERBERO, chef de pêcheurs........	JÉRÔME RAVEL.
CALEB, premier pêcheur, amant de Zobéide.......................	THÉODORE.
NADIR, chef des eunuques blancs..	ALEXANDRE.
OSMIN, chef des eunuques noirs...	ROCHER.
Un marchand d'esclaves:..........	BOURGEOIS.
ÉLÉONORE, jeune Napolitaine enlevée à l'Ambassadeur, et devenue la Sultane favorite du Pacha......	Mᵐᵉ ADÈLE.
ZOBÉIDE, fille de Zerbero........	CÉCILE.
ZÉTULBÉ, son amie.............	HYACINTE.
Deux jeunes Circassiennes........	{ JOMARD. SOPHIE.

Officiers de la suite de l'Ambassadeur; imans, agas, janissaires de la suite du Pacha; marchands d'esclaves et autres, marins napolitains, eunuques blancs et noirs, odalisques, pêcheurs, pêcheuses.

IMPRIMERIE DE DAVID
BOULEVART POISSONNIÈRE, N. 6.

COCAMBO,

ou

L'AMBASSAD 1 ASMYRNE.

ACTE PREMIER.

Le théâtre représente une place de marché de Smyrne. A l'avant-
scène, à gauche du spectateur, la cabane de Zerbero; plus loin,
un pavillon qui est censé faire partie du sérail. A droite, du 1ᵉʳ au
4ᵉ plan, un grand hôtel, sur lequel on lit: *Hôtel de l'Ambassade*.
Au fond, le port, la mer, et on aperçoit une partie de la ville de
Smyrne, qui se perd derrière le pavillon.

SCÈNE PREMIÈRE.

Au lever du rideau, tableau d'un bazar turc.
Des marchands sont çà et là sur le théâtre; les uns
fument leur pipe, assis sur des ballots; d'autres
font le commerce de leurs marchandises; on voit
des esclaves chargés de ballots, de barils, traverser le théâtre.

Deux jeunes Circassiennes sont assises sur le devant de la scène, l'une triste, l'autre vive et en-
jouée : un marchand est auprès d'elles; il engage
l'une à ne pas pleurer, tandis que l'autre lui fait
mille agaceries. On voit des pêcheurs arriver dans
leurs barques au bord du rivage. Zobéide, qui est
sortie de la cabane de son père, appelle ses com-

pagnes, qui viennent avec des paniers recevoir le produit de la pêche.

Zerbero sort de sa cabane, suivi de deux de ses gens, chargés de hottes; il leur ordonne de les faire remplir de poissons. Pendant cette action, le jeune pêcheur Caleb, qui de sa barque avait fait des signes d'intelligence à Zobéide, saute un des premiers à terre, et vient auprès d'elle pour lui parler de son amour. Zerbero, qui était occupé à faire transporter chez lui les paniers de poissons, vient au milieu d'eux les séparer, et leur dit qu'il faut d'abord penser au travail; les deux amans lui rappellent la promesse qu'il a faite de les unir, mais voyant qu'il se fâche, les deux amans se séparent en se faisant des signes d'intelligence. Le tableau mouvant qui régnait sur la scène a duré jusqu'alors.

SCÈNE II.

Un coup de canon éloigné interrompt la scène précédente; le canon de la forteresse y répond. Un troisième coup plus rapproché se fait entendre, et annonce l'arrivée du vaisseau de l'ambassadeur de Naples: mouvement général. Tous les habitans se réunissent sur la plage; les marchands font enlever le reste de leurs marchandises, les deux jeunes esclaves Circassiennes sont emmenées par un marchand qui les a achetées à leur premier maître. Caleb, qui est obligé de s'éloigner, recommande à Zobéide de ne pas se laisser courtiser par les nouveaux arrivans.

SCÈNE III.

Le vaisseau pavoisé arrive en scène. Tous les esclaves et habitans de Smyrne s'empressent autour des nouveaux débarqués, tandis que l'on amarre le vaisseau, au moyen d'un cable que l'on fixe à l'un des premiers plans du théâtre.

On voit, au haut d'un mât, Cocambo qui fait mille gentillesses, et qui, impatient d'arriver à terre, se laisse glisser sur le cable qui amarre le vaisseau, et arrive jusque sur le théâtre en courant sur ce même cable.

SCÈNE IV.

Arrivé à terre, Cocambo se touve nez à nez avec Zobéide, qui, épouvantée de sa mine grotesque, se sauve de l'autre côté de la scène, en se couvrant la figure de son voile. Le valet de l'ambassadeur cherche à s'emparer d'elle; d'autres jeunes filles accourent, et à l'aspect de Cocambo, éprouvent le même effroi que Zobéide, et à son exemple, se couvrent la figure de leurs voiles Cocambo rit de leur frayeur, cherche à les rassurer, veut soulever leurs voiles, toutes s'y opposent; il parvient à enlever celui de Zobéide, et même à l'embrasser.

Pendant cette action, les personnages chargés de recevoir l'Ambassadeur sont entrés en scène au moment où celui-ci, qui était descendu à terre, donne des ordres à ses officiers pour son débarquement: ils l'invitent à se rendre dans les appartemens qu'il doit habiter pendant son séjour à Smyrne. A l'instant où Cocambo a embrassé Zobéide, Caleb, qui a reparu au fond, ameute les pêcheurs, qui s'emparent chacun de leur femme. L'Ambassadeur demande la cause de ce tumulte; Zerbero, à qui Caleb a raconté ce qui vient de se passer, se plaint de l'insolence de Cocambo. Caleb est prêt à se jeter sur lui; Zerbero le retient, en lui faisant remarquer que c'est le valet de l'Ambassadeur; celui-ci cherche à appaiser les habitans, en leur disant que son domestique est un peu fou, mais qu'il se charge de le faire punir en cas de récidive. Il remet à Zerbero une bourse, en le chargeant de distribuer ce qu'elle contient, pour que l'on se réjouisse en buvant à sa santé. Il donne à deux de ses gens l'ordre d'emmener Cocambo, et de le surveiller; celui-ci fait quelques difficultés; sur un signe impératif de son maître, il rentre d'un air hypocrite, en se promettant de profiter d'un instant favorable pour revenir. L'Ambassadeur, précédé et suivi des officiers du Pacha et des siens, rentre dans l'hôtel; tous les habitans l'accompagnent, en lui donnant les marques du plus profond respect.

SCÈNE V.

Pendant la scène précédente, le débarquement s'est entièrement effectué; des esclaves ont transporté dans l'hôtel des malles, ballots, etc., contenant les effets de l'Ambassadeur. Zerbero distribue de l'argent aux pêcheurs et leur permet de danser et de boire, jusqu'au moment du travail; il sort.

SCÈNE VI.

On apporte sur le théâtre des paniers de fruits, des flacons, etc. Deux petits pêcheurs prennent un tympanon et en jouent, tandis que l'on danse.

SCÈNE VII.

Divertissement pendant lequel Zétulbé, l'amie de Zobéide, qui vient d'arriver et qui a tout appris, veut réconcilier Caleb et Zobéide, qui sont brouillés. Caleb, qui est dans un coin du théâtre à travailler à un filet, s'y refuse d'abord; mais le désir de faire enrager Zobéide le décide à accepter. Il commence à danser avec Zétulbé, et tourne le dos à sa maitresse chaque fois qu'elle se rapproche de lui. Zétulbé finit par les racommoder en les forçant à danser ensemble.

SCÈNE VIII.

La cloche du travail se fait entendre à la fin des danses. Zerbero rentre et renvoie tout le monde en disant qu'il est temps de retourner à la pêche. Les femmes apportent des filets, des paniers aux pêcheurs, qui remontent dans leurs barques et s'éloignent. Caleb et Zobéide se font de nouvelles protestations d'amour et se disent adieu.

SCÈNE IX.

Zétulbé, restée seule à l'avant-scène, témoigne le désir de voir Cocambo dont on lui a parlé; elle va chercher Zobéide qui, ainsi que ses compagnes, est au fond à regarder les pêcheurs s'éloigner. Zobéide lui raconte ce qui s'est passé, chaque jeune fille lui en dit autant; le désir de voir le personnage qu'on lui a dépeint si bizare est encore plus fort chez elle.

SCÈNE X.

Cocambo paraît à une des fenêtres de l'hôtel ;
il rit, en imitant la voix du polichinelle, et se
cache : les jeunes filles se rapprochent de l'hôtel,
en cherchant à découvrir d'où vient le bruit
qu'elles entendent.

Cocambo se lance de la croisée sur le théâtre,
en faisant une cabriole, et retombe en contrefaisant le mort, placé dans une position grotesque.
A son apparition, les jeunes filles jettent un grand
cri, et se cachent la figure en peignant le plus
grand effroi. Peu à peu, elle se retournent pour
examiner Cocambo, qui fait un mouvement : nou-
vel effroi. Cependant celui-ci se relève, les engage
à ne point avoir peur, et, pour les rassurer entièrement il danse devant elles un pas comique.
Les jeunes filles finissent par le trouver charmant ;
il va de l'une à l'autre en faisant mille gentillesses. Elles l'entourent et remontent la scène en
formant un groupe avec lui.

SCÈNE XI.

Au même instant, on voit reparaitre dans les
barques, Caleb et les autres pêcheurs. Caleb,
furieux, s'empare d'une rame; il veut se préci-
piter sur Cocambo, Zetulbé l'en empêche. Il tire
un poignard et veut frapper Zobéide, qui a fui
à son approche. Zétulbé se jette au devant de
Caleb et arrête le coup.

SCÈNE XII.

Zerbero remonte la scène et ordonne aux
habitans de s'emparer de Cocambo; celui-ci leur

échappe, tant il est subtil : les femmes elles-mêmes s'opposent au mal que l'on pourrait lui faire. Tous les pêcheurs se sont armés de leurs avirons.

SCÈNE XIII.

Des soldats attirés par le bruit, se joignent aux habitans pour s'emparer de Cocambo, qui se jette sur eux et leur arrache deux de leurs lances. Il disparaît un instant ; une partie des pêcheurs court à sa poursuite, l'autre est retenue par les femmes. Cocambo reparaît : se voyant cerné de toutes parts, il ne trouve d'autre moyen que de se lancer par une croisée, dans un pavillon qui fait partie du sérail. Effroi général en le voyant y pénétrer.

SCÈNE XIV.

A peine Cocambo s'est-il précipité dans le pavillon, que les assistans élèvent les bras en invoquant contre lui la colère de Mahomet. Tous se précipitent à terre. L'Ambassadeur sort de son hôtel, suivi des officiers du Pacha et des siens. Il demande quelle est la cause d'un aussi grand tumulte. Zerbero lui raconte ce qui vient de se passer. Au même instant, le fond se couvre de barques de pêcheurs. Les marins reparaissent sur le vaisseau. De toutes parts on voit arriver de nouveaux personnages. L'Ambassadeur, furieux, donne des ordres pour que l'on s'empare de

Cocambo, qui reparaît sur le haut du pavillon, et rit de la colère de ceux qui veulent le saisir.

Tableau général, sur lequel la toile tombe.

FIN DU PREMIER ACTE.

ACTE DEUXIÈME.

Le théâtre représente, sur les trois premiers plans, une galerie du sérail, dont l'entrée se trouve à gauche du spectateur. A la suite sont les jardins du palais. Au cinquième plan, au milieu du théâtre, un grand palmier. Au fond, un lac bordé par une élégante balustrade. Au delà du lac, on aperçoit une partie de la ville de Smyrne. Le jardin et la galerie sont ornés de vases de fleurs, de cassolettes. A l'avant-scène à droite, un divan sur lequel sont plusieurs coussins.

SCÈNE PREMIÈRE.

Au lever du rideau, Éléonore, vêtue en sultane, est assise sur un divan : son air est triste, auprès d'elle sont plusieurs jeunes odalisques, tandis que les autres femmes du sérail, curieuses de savoir quel est le personnage extraordinaire qui a mis tout en rumeur dans le palais, parcourent le théâtre. On voit quelques esclaves traverser le fond de la scène.

Le chef des eunuques blancs arrive tout haletant: il a vu Cocambo, dont la figure l'a épouvanté; il jure par Mahomet de faire rouler à ses pieds la tête de l'audacieux qui a osé pénétrer dans le palais du pacha. Les jeunes odalisques rient de sa colère; l'eunuque s'emporte contre elles et veut les faires rentrer dans les sérail.

SCÈNE II.

Au même instant, le chef des eunuques noirs, suivi des siens, arrive en scène; il se rencontre avec l'eunuque blanc, qui au premier abord, le prend pour Cocambo, et manque se trouver mal de peur: l'eunuque noir lui dit qu'on n'a pu encore se saisir de Cocambo. L'eunuque blanc ordonne aux odalisques de rentrer dans le sérail, ce qu'elles font en se moquant de sa frayeur. Eléonore sort la dernière, en peignant la tristesse la plus profonde.

SCÈNE III.

Le chef des eunuques blancs donne l'ordre aux esclaves d'observer la plus grande surveillance. Il les fait sortir en leur indiquant les différens points du palais et des jardins où ils doivent se mettre en sentinelle, et rentre dans le sérail après leur sortie; il est suivi du chef des eunuques noirs.

SCÈNE IV.

Pendant le courant de la scène précédente, Cocambo a paru au fond. Apercevant sur le devant les esclaves, il cherche à se cacher, monte sur un arbre placé au milieu du théâtre, et y reste bloti. A peine les esclaves ont-ils disparu, qu'il descend de l'arbre, et vient en scène en cherchant quel moyen il pourra employer pour échapper à ceux qui le poursuivent. Au même instant, il entend du bruit du côté du sérail; il se cache derrière le divan qui est à l'avant-scène.

SCÈNE V.

L'eunuque blanc sort du sérail; il donne les marques de la plus grande lassitude, regarde partout, et, ne voyant personne, il veut en profiter pour se rafraichir. Il tire de dessous son doliman un flacon de vin, vient s'asseoir sur le divan pour se reposer, et en portant le flacon à ses lèvres, il prie Mahomet de fermer les yeux.

Cocambo , qui l'a suivi dans tous ses mouvemens, et qui se trouve placé derrière le divan, rit de manière à l'effrayer au moment où l'eunuque va pour boire. Celui-ci se retourne et n'aperçoit rien ; il cherche à se rassurer et porte de nouveau le flacon à ses lèvres ; même jeu de scène. L'eunuque plus effrayé ne comprend rien à ce qui se passe autour de lui ; il parcourt la scène dans tous les sens ; Cocambo le suit en évitant d'être aperçu. Tout-à-coup, il se présente brusquement à l'eunuque, qui, épouvanté, tombe à plat-ventre. Cocambo rit de sa frayeur en le contrefaisant. L'eunuque, croyant qu'il a réellement peur, veut s'en emparer, Cocambo le repousse vigoureusement, une lutte s'engage entr'eux deux : Cocambo finit par s'emparer de l'eunuque, l'emporte au fond et le jette dans le canal.

SCÈNE VI.

Cocambo est enchanté d'avoir pu se débarrasser d'un ennemi dangereux. Mais ce n'est pas tout, il faut trouver un moyen de fuir. Il remarque l'entrée du sérail, par laquelle est arrivé l'eunuque ; il va tenter une sortie de ce côté, mais au moment où il va fuir, il entend un nouveau bruit, et il se cache.

SCÈNE VII.

Eléonore sort du sérail ; elle regarde autour d'elle : ne voyant personne, son premier mouvement est de fuir, mais comment y parvenir ? toutes les issues sont gardées. Elle vient s'asseoir sur le divan, tire de son sein le portrait de son amant, le baise à plusieurs rsprise, et jure de mourir plutòt que d'être parjure à ses sermens.

Cocambo, qui ne l'a pas perdu de vue, reconnaît en elle sa jeune maîtresse, et se précipite à ses pieds, en faisant éclater sa joie. Eléonore est d'abord effrayée, mais ensuite elle reconnaît ocambo, qui lui demande comment elle se trouve dans le palais du pacha; elle lui raconte qu'ayant été enlevée à son amant par des corsaires elle a été vendue comme esclave et entraînée dans le sérail. Elle demande à son tour à Cocambo, par quel hasard il se trouve si près d'elle; celui-ci l'a bientôt instruite de tout ce qui lui est arrivé; il va arracher une feuille de palmier. la donne à Eléonore, en l'engageant à tracer quelques mots pour son maître; il se charge.a de remettre le message à l'ambassadeur, dès qu'il aura pu s'esquiver du palais. Eléonore trace à la hâte quelques lignes avec la pointe de son poignard, tandis que Cocambo veille au fond, afin de n'être point surpris: tous deux croyant entendre du bruit, Cocambo engage sa maîtresse à rester dans le sérail, en lui promettant un zèle et un dévoûment à toute épreuve.

SCÈNE VIII.

Cocambo, resté seul en scène, est si joyeux d'avoir retrouvé sa maîtresse, qu'il défie à son tour tous ses ennemis: on voit paraître de divers côtés des eunuques, des esclaves, qui se mettent à sa poursuite. Cocambo fait de nouveaux efforts pour leur échapper; le hasard lui fait trouver une échelle dont il s'empare, il monte vivement après; au moment où on va le saisir, l'échelle se brise, et Cocambo fait une cabriole, qui épouvante ses ennemis qui fuyent de tous côtés.

SCÈNE IX.

Un petit tambour, qui avait battu une espèce de générale pendant la scène précédente, s'est sauvé dans un coin du théâtre, où il est tapi. Cocambo s'en approche, lui fait mille grimaces qui l'épouvantent; il lui arrache ses baguettes, et fait en se moquant de lui différens tours d'adresse avec les mêmes baguettes; à la fin de la scène, le petit tambour parvient à s'échapper; Cocambo entendant un nouveau bruit, se sauve du côté du sérail.

SCÈNE X.

L'Ambassadeur napolitain, le Pacha, précédés et suivis de janissaires et de leurs officiers, entrent en scène. L'Ambassadeur remet au Pacha différens papiers relatifs à la mission dont il est chargé.

SCÈNE XI.

Un grand mouvement se fait au fond : ce sont les deux chefs d'eunuques et les esclaves qui viennent tour à tour se plaindre des mauvais traitemens que leur fait éprouver Cocambo. L'eunuque blanc a été retiré du canal, et apporté en scène par des esclaves. L'Ambassadeur reconnaît Cocambo, à la manière dont les plaignans dépeignent le coupable; il se charge lui-même de le faire punir.

SCÈNE XII.

Au moment où l'Ambassadeur va donner des ordres pour qu'on s'en empare; Cocambo paraît et se jette à ses pieds. L'Ambassadeur, furieux de sa conduite, le livre à la colère du pacha. Cocambo tire de son sein la feuille de palmier, et la montre au Pacha : l'Ambassadeur veut savoir ce que c'est ; Cocambo la retire, mais l'Ambassadeur la lui arrache. A peine a-t-il jeté les yeux sur ce qui est écrit, que la joie brille dans ses yeux ; il demande en quel endroit est renfermée Éléonore. Cocambo lui montre le sérail ; l'Ambassadeur est prêt à se jeter aux pieds du Pacha, en lui apprenant que son sérail renferme une femme qui lui fut enlevée, et en le suppliant de la lui rendre : il offre pour sa rançon sa fortune entière s'il la faut. Le Pacha donne des ordres au chef des eunuques blancs pour que l'on amène Éléonore, ainsi que toutes ses odalisques.

SCÈNE XIII.

Les femmes du sérail sont conduites en scène. Éléonore reconnaît son amant ; elle veut aussi se jeter aux pieds du Pacha, qui la prend par la main, et l'unit à l'Ambassadeur. Il pardonne à Cocambo, qui fait devant lui des démonstrations de reconnaissance, en lui promettant de tout faire pour le divertir. Le Pacha donne l'ordre qu'une fête ait lieu à l'instant même. Il fait placer près de lui, sur un divan, l'Ambassadeur et Éléonore.

SCÈNE XIV ET DERNIÈRE.

Grande marche, à la suite a lieu un divertissement dans lequel Cocambo danse un pas d'échasse.

Le ballet est terminé par un groupe général.

FIN.